C. Peter Wagne

Die Konfrontation mit der Himmelskönigin

Verlag Gottfried Bernard
Solingen

Titel der Orginalausgabe: Confronting the Queen of Heaven

Published by Wagner Institute for Practical Ministry
P.O. Box 63060 · Colorado Springs, CO 80962

1. Auflage 2001

Verlag Gottfried Bernard · Heidstraße 2a · 42719 Solingen
e-mail: Verlag.GottfriedBernard@gmx.de

Übersetzung: Margit Kastner

Satz: type & print, Nürnberg
Umschlaggestaltung: Thomas Sommerer, type & print, Nürnberg
Druck: Schönbach Druck, Erzhausen

Falls nicht anderweitig angegeben, sind alle Bibelzitate
aus der Elberfelder Übersetzung übertragen.

ISBN 3-934771-24-6
Best.-Nr. 175724

Diese sowie alle weiteren Titel aus dem Verlag Gottfried Bernard sind erhältlich bei:
Gerth Medien GmbH · D-35607 Asslar

INHALT

EINLEITUNG

Der Leib Christi befindet sich gegenwärtig in einer Lage, wie nie zuvor in der Kirchengeschichte. Nicht einmal im Buch der Apostelgeschichte wird von solch verschiedenen wunderbaren Diensten, die wir jetzt in vielen Teilen der Welt sehen, berichtet. Es scheint, als ob Habakuk 1:5 sprichwörtlich in Erfüllung kommt:

Seht (euch um) unter den Nationen und schaut zu
und stutzt, (ja,) staunt!
Denn ich wirke ein Werk in euren Tagen –
ihr glaubtet es nicht,
wenn es erzählt würde.

Sollten wir das denn nicht erwarten? Schließlich hat Jesus doch selbst gesagt: „Wer an mich glaubt, der wird auch die Werke tun, die ich tue, und wird größere als diese tun, weil ich zum Vater gehe." (Joh. 14,12).

Wir leben in der Zeit der größten Seelenernte, welche die Welt jemals gesehen hat; überwältigende Berichte von der übernatürlichen Kraft sind praktisch aus jeder Nation zu hören; der Leib Christi steht wie nie zuvor in den letzten tausend Jahren in Einheit; mehr Menschen beten und beten „in Einheit" als je zuvor; und wir leben in der ersten Generation, die ein Licht am Ende des Tunnels des Missionsbefehls sieht. Was für eine außergewöhnliche Zeit ist es ein Christ zu sein!

Die Dekade der geistlichen Kampfführung

Nie zuvor hat Gott seiner Gemeinde dieses Maß an geistlicher Kampfführung anvertraut, welches seit den 1990ern auf jedem Kontinent zu finden ist. Vor zehn Jahren hatten wir noch nicht einmal das Vokabular, um das zu beschreiben, was heute ganz normal ist, wie zum Beispiel die strategische Ebene der geistlichen Kampfführung, geistliche Landkarten, Identifikationsbuße und Gebetsevangelisation. Die Tatsache des göttlichen Zeitplans erhebt die Frage, warum Gott bis jetzt gewartet hat, die Gemeinde für einen solch massiven Angriff gegen das Reich Satans freizusetzen.

Ich glaube, die Antwort zu dieser wichtigen Frage liegt in dem Tatbestand, dass in den 1990ern die wahrhaftige Regierung der weltumspannenden Gemeinde existent wurde. Während der 1980er erhob sich der prophetische Dienst in der Gemeinde und nahm seinen rechtmäßigen Platz im Leben und Dienst des Volkes Gottes ein. In den 1990ern erschienen die Apostel und sie wurden von einem Teil der Gemeinde legitim anerkannt. Wir lesen im Epheserbrief, dass Jesus „die einen als Apostel gegeben hat und andere als Propheten und andere als Evangelisten und andere als Hirten und Lehrer“ (Eph 4,11). Die traditionelle Gemeinde hat den Dienst der Evangelisten, Pastoren und Lehrer über Jahrhunderte hinweg erhalten, aber erst seit kurzem hat sie auch die Propheten und Apostel angenommen. Nun, da Apostel und Propheten eingesetzt sind, vertraut Gott seiner Gemeinde eine sehr wichtige Aufgabe an, so wie wir es zuvor noch nie gesehen haben.

1990 hatte ich das Privileg das „International Spiritual Warfare Network“ mit zu gründen, und seither diene ich als der internationale Koordinator. Das hat mir einen Platz in der ersten Reihe verschafft, um die Entwicklung des Planes Gottes für Seine geistliche Armee zu beobachten. In den ersten Jahren haben wir uns abgemüht, und unsere Fehler gemacht. Aber durch die Anleitung des Heiligen Geistes, haben wir sehr schnell gelernt, und jetzt sind wir viel reifer und besser zugerüstet für den Kampf. In den 1990ern haben wir einschlägige Siege für das Königreich Gottes gesehen, vor allem unter den unerreichten Völkern im 10/40 Fenster.

Nun, in den abschließenden Jahren dieses Jahrzehntes und dieses Jahrtausends, vertraut uns Gott ein neues Maß geistlicher Kampfführung an. Einige Dinge, die in diesem Buch beschrieben sind, sind kein Allgemeinwissen. Hierbei handelt es sich nicht um einen Einführungskurs in geistlicher Kampfführung. In der neuen Aufgabe, die Gott dem „International Spiritual Warfare Network" und dem Leib Christi gegeben hat, geht es auf der höchsten Ebene „gegen die Gewalten und Mächte, gegen die Weltbeherrscher dieser Finsternis" wie der Apostel Paulus sagen würde (Eph. 6,12). Die Absicht, die Himmelskönigin zu konfrontieren, ist kein Spiel und kein Spaß. Es ist ein fortgeschrittener, risikoreicher Angriff gegen die Mächte des Bösen, den niemand, außer auf direkten Befehl Gottes hin, ausführen sollte.

Warum sollte jemand der bei klarem Verstand ist, es mit Gewalten und Mächten der Finsternis von hohem Rang aufnehmen? Ganz einfach, es geht um Himmel und Hölle. Gott hat uns den Dienst der Wiederherstellung gegeben. Er hat uns das Evangelium Christi gegeben, welches die Kraft Gottes zur Erlösung ist. Er ist nicht dazu bereit, jemanden zu Schaden kommen zu lassen. Und doch werden nicht genügend Menschen errettet. Evangelisation bleibt so häufig stecken. Das Licht des Evangeliums scheint nicht so hell, wie wir alle wissen, dass es sollte. Warum? Paulus sagt uns, dass „der Gott dieser Welt" den Verstand der Ungläubigen verblendet hat (siehe 2. Kor. 4,4).

Einige meinen, dass es nicht viele Möglichkeiten gibt, um dem zu begegnen. Aber es gibt sie. Paulus sagt, dass uns „seine [Satans] Gedanken nicht unbekannt sind" (2. Kor. 2,11). Gott hat uns den Schild des Glaubens und das Schwert des Geistes gegeben (siehe Eph. 6,16-17). Wir sind zum Kampf bereit, sobald der befehlshabende Kommandeur uns befiehlt vorwärts zu gehen.

Er hat uns jetzt den Befehl gegeben die Himmelskönigin zu konfrontieren. Dieses Buch beschreibt, wie dieser Befehl empfangen wurde und wie Gott erwartet, dass Seine Armee in den Kampf zieht.

Kapitel 1

EPHESUS GESTERN UND HEUTE

Die türkische Stadt Ephesus wurde in der letzten Zeit zum Hauptbrennpunkt von „Spiritual Warfare Network". Zweifellos werden sich noch andere wichtige Schwerpunkte herauskristallisieren, wenn wir vor Gottes Thron treten und sorgfältig auf seine Stimme hören, wenn Er zu uns spricht, aber die Türkei wird dabei im Mittelpunkt stehen. Viele Jahre lang haben Christen auf der ganzen Welt gebetet, dass Gottes Segen über der Türkei und dem türkischen Volk ausgegossen wird. Die Türkei ist ein wunderschönes Land, ein Juwel der Schöpfung Gottes und unser christlicher Glaube hat tiefe Wurzeln in der Türkei. Unser Wunsch ist es, Gottes Absicht für dieses Land in seiner Fülle zu sehen, und deswegen bin ich auch ein Verfechter der Ansicht, dass wir die Quantität und Begeisterung unserer Gebete für die Türkei steigern und Gottes tiefe Liebe zu den Türken proklamieren sollten.

Warum ist die Türkei und speziell die Stadt Ephesus bei diesem Angelpunkt der Geschichte von solcher Wichtigkeit? Um das zu erklären werden wir das Ephesus von gestern und danach das Ephesus von heute betrachten.

Das Ephesus von gestern

Ephesus war früher das Zentrum der christlichen Welt. In den Tagen der Apostel war Ephesus die dritt größte Stadt im römischen Reich mit sage und schreibe 250.000 Einwohnern. Nur Rom und Alexandria übertrafen es an Größe. Es war eine wunderschöne Stadt mit bemerkenswerter Kunst und Architektur und ein großer Teil davon wurde von Archäologen wieder restauriert. Ephesus war eine Hafenstadt voller Geschäftigkeit und lukrativem Handel. An jedem Eingangstor der Stadt stand ein öffentliches Badehaus und niemand durfte herein, wenn er nicht zuvor ein Vollbad genommen hatte. Ephesus war ein Zentrum der Bildung, mit Schulen, Bibliotheken und Hörsälen. Die Häuser der Oberschicht besaßen integrierte Rohrleitungen mit fließend warmem und kaltem Wasser. Ein Hospital lag nahe dem Zentrum der Stadt. Das atemberaubende Amphitheater unter freiem Himmel bot Sitzplätze für 25.000 Menschen, welche die Stimmen auf der Bühne ohne jegliche Verstärker hören konnten.

Der Apostel Paulus war der Missionar, den Gott berufen hatte, das Evangelium Christi nach Ephesus zu bringe. Zu dieser Zeit war sie die Hauptstadt der römischen Provinz Kleinasien. Paulus sah in Ephesus mehr von der Frucht seiner Arbeit, als an jedem anderen Ort, den er jemals als Missionar besucht hatte. In der Apostelgeschichte wird beschrieben, „Dies geschah zwei Jahre lang, so daß alle, die in Asien wohnten, sowohl Juden als Griechen, das Wort des Herrn hörten.“ (Apg. 19,10), und solange Paulus dort war, „wuchs das Wort des Herrn mit Macht und erwies sich kräftig“ (Apg. 19,20). Das käme einem Missionar gleich, der in Chicago ankommt, und nach zwei Jahren sagen könnte, „Ganz Illinois hat das Wort des Herrn gehört!“

Geistliche Kampfführung und ungewöhnliche Wunder

Was tat Paulus während dieser zwei Jahre? Er war einfach mit geistlicher Kampfführung beschäftigt und praktizierte das, was John Wimber „Power Evangelisation“ genannt hätte. Durch Paulus und andere wurde so viel übernatürliche Kraft freigesetzt, dass Gott „ungewöhnliche Wunderwerke durch die Hände des Paulus“ tat (Apg. 19:11). Ich liebe es diese Worte zu lesen! Offenbar war die Kraft so groß, dass man eine Unterscheidung zwischen „gewöhnlichen“ und „ungewöhnlichen“ Wundern machen musste. Wir sehen heute an Orten wie China und Argentinien ähnliche Dinge.

Es gibt drei wichtige Ebenen in der geistlichen Kampfführung, die alle in Ephesus statt gefunden haben. Die erste Ebene ist die Basis in der geistlichen Kampfführung, was das Austreiben von Dämonen aus Menschen bedeutet. Das ist es, was Jesus Seinen Jüngern befahl, als er sie aussandte, „Wenn ihr aber hingeht, predigt und sprecht: Das Reich der Himmel ist nahe gekommen. Heilt Kranke, weckt Tote auf, reinigt Aussätzige, treibt Dämonen aus!" (Mt. 10,7-8).

Normalerweise heilt Gott die Kranken und treibt Dämonen aus, indem Christen Einzelnen direkt dienen, wobei sie ihnen die Hände auflegen, sie mit Öl salben und für sie und ihre speziellen Nöte beten. Dies sind die „gewöhnlichen" Wunder. Aber in Ephesus war so viel Kraft, „so dass man sogar Schweißtücher oder Schurze von seinem (Paulus) Leib weg auf die Kranken legte und die Krankheiten von ihnen wichen und die bösen Geister ausfuhren"(Apg. 19:12). Es ist kein Wunder, dass hier das Adjektiv „ungewöhnlich" verwendet wird!

Die Zauberer und ihr Freudenfeuer

Die zweite Ebene geistlicher Kampfführung ist die okkulte Ebene der geistlichen Kampfführung. Das bedeutet, dass man es mit Mächten der Finsternis zu tun hat, die koordinierter und organisierter sind als einer oder mehrere Dämonen, die zu einer bestimmten Zeit zum Beispiel eine Person bedrängen. Wir können dabei an Hexerei, Satanismus, Wahrsagerei, Schamanismus, New Age, Freimaurerei, tibetischen Buddhismus oder andere okkulte Praktiken denken.

Ephesus war in der Zeit des Paulus das Zentrum der Zauberei. Anhand der Informationen aus dem hervorragenden Buch von Clinton Arnold's *Ephesians: Power and Magic* (Baker Books), kann Ephesus als das Zentrum der Zauberei des römischen Reichs gesehen werden. So wie es die berühmtesten Zauberer anzog, kamen auch diejenigen, die diese Kunst von jenen erlernen wollten. Paulus diente den Zauberern mit herausragenden Ergebnissen. Um die Agenten dieser Macht für Christus zu gewinnen, muss es zahlreiche Machtbegegnungen gegeben haben, die klar demonstriert haben, dass Gottes Macht größer war als jede übernatürliche Kraft der Finsternis, mit der die Zauberer in Verbindung standen.

Wir lesen: „Viele aber von denen, die vorwitzige Künste betrieben hatten, trugen die Bücher zusammen und verbrannten sie vor allen; und sie berechneten ihren Wert und kamen auf fünfzigtausend Silberdrachmen." (Apg 19:19). In meinen Recherchen für meinen Kommentar zur Apostelgeschichte berechnete ich, dass in der heutigen Währung der Berg des Zaubereizubehörs, das verbrannt wurde, ca. 4 Mio. $ wert gewesen wäre!

Der territoriale Geist: Die Diana der Epheser

Die dritte Ebene der geistlichen Kampfführung ist die strategische Ebene. Das beinhaltet die Konfrontation mit hochgestellten, territorialen Geistern, die von Satan beauftragt wurden, die Aktivitäten der Mächte der Finsternis über einem bestimmten Gebiet zu koordinieren, um den Verstand der Menschen gegenüber des „Evangeliums von der Herrlichkeit des Christus" zu verblenden, wie wir es im 2. Kor. 4,3-4 lesen. Genau darauf bezieht sich Paulus, wenn er sagt, „Denn unser Kampf ist nicht gegen Fleisch oder Blut, sondern gegen die Gewalten, gegen die Mächte, gegen die Weltbeherrscher dieser Finsternis, gegen die Geister der Bosheit in der Himmelswelt." (Eph. 6,12)

Der herrschende, territoriale Geist über Ephesus und Klein-Asien war die berühmte Diana der Epheser (auch bekannt unter ihrem griechischen Namen Artemis). Einige Historiker gehen davon aus, dass sie damals die am meisten angebetete Gottheit des römischen Reiches gewesen sein könnte. Ihr Tempel in Ephesus war eines der sieben Wunder der antiken Welt, das herausragendste und opulenteste Beispiel der Architektur in der ganzen Stadt. Gaben und Opfer wurden dieser dämonischen Kraft das ganze Jahr über gebracht. Ihre Nachfolger nannten sie „herrlich",

„große Gottheit“, „Retter“ und „die Himmelskönigin“. Bevor Paulus in dieses Gebiet kam, hatte sie die größere Umgebung von Ephesus und darüber hinaus sehr gut in der Hand.

Aber dann kam die Verwirrung. Die Dämonen, die unter ihrer Autorität sein sollten, wurden durch einfache vorher gesegnete Taschentücher von den Menschen ausgetrieben, die sie Jahre zuvor gepeinigt hatten! Die Zauberer, eigentlich ihre Elitetruppe, verließen das Reich der Finsternis in Massen und traten in das Königreich dieses „Jesus“ ein, den Paulus verkündigte. So etwas hatte Diana noch nie gesehen! Ihre Armeen zogen sich im Chaos zurück. Sie verlor rapide die Autorität, die sie seit Jahrzehnten über Ephesus ausgeübt hatte.

Dianas Macht neutralisierte sich durch das Evangelium so sehr, dass auch normale Menschen Notiz davon nahmen. Sie hörten auf sie anzubeten, ihr zu opfern und ihre Götzen zu kaufen. Zu der Zeit, als die zwei Dienstjahre des Paulus zu Ende gingen, verloren viele der Silberschmiede, die diese Götzen herstellten, ihr Geschäft, und sie waren dabei, einen öffentlichen Aufstand anzuzetteln. Sie füllten das große Amphitheater und riefen zwei Stunden lang: „Groß ist die Diana der Epheser“ (Apg. 19,34).

Der Luftkampf und der Bodenkrieg

Die Ebene der strategischen Kampfführung des Paulus glich dem Luftkampf moderner Kriegsstrategie. Kein verantwortungsbewusster Kommandeur würde Bodentruppen losschicken, bevor der Luftkampf nicht erfolgreich abgeschlossen ist. Das wäre Selbstmord. Deswegen versicherte sich Paulus, dass Diana geschwächt war, bevor er die Gemeindegründer nach Ephesus und in die Provinz Klein-Asien schickte. Eigentlich hatte Paulus keine der Gemeinden in Klein-Asien persönlich gegründet (sieben davon werden in Offenbarung 2 und 3 erwähnt). Er schulte Gemeindegründer in der „Schule von Tyrannus“, einem Gebäude, das er anmietete, und er schickte diese dann als seine Bodentruppen hinaus (siehe Apg. 19,9-10).

Dianas Ableben

Als Paulus Ephesus verließ war Diana schwer angeschlagen und geschwächt. Aber sie war noch nicht von der Bildfläche verschwunden. Paulus hatte sie nie persönlich herausgefordert, oder ihren Tempel betreten, um direkte geistliche Kampfführung auf der strategischen Ebene zu praktizieren. Die Silberschmiede haben zwar versucht, ihn deswegen anzuklagen. Aber ihre Vorwürfe konnten vor dem Gericht nicht standhalten. Diana verlor viel Macht, weil Paulus an der Basis und auf der okkulten Ebene eine aggressive geistliche Kampfführung betrieben hat. Das Reich der Finsternis besteht aus einem zusammenhängenden System. Was auf einer der drei Ebenen geschieht, betrifft auch die anderen beiden Ebenen und damit den ganzen Einflussbereich Satans.

Gott wählte den Apostel Johannes aus, um den letzen Angriff auszuführen. Die nachfolgende Geschichte, nicht das Buch der Apostelgeschichte, sagt uns, daß einige Jahre, nachdem Paulus Ephesus verlassen hatte, Johannes dorthin gezogen ist und hier seinen Lauf vollendet hat. Ramsay MacMullen, ein sehr bekannter Historiker an der Fakultät der Yale Universität, gibt uns einige sehr interessante Details über den Dienst der strategischen, geistlichen Kampfführung des Johannes in Ephesus. MacMullen, ein Spezialist auf dem Gebiet der Geschichte des römischen Reiches, schrieb eine wissenschaftliche Abhandlung mit dem Titel, *Die Christianisierung des römischen Reiches 100-400* (Yale University Press). Darin argumentiert er, dass das Austreiben von Dämonen der Hauptfaktor für die Umkehr des römischen Reiches zum Christentum, war. In seinem Buch gibt er viele Beispiele für geistliche Kampfführung.

Eines davon ist die Geschichte des Apostels Johannes und seiner direkten Konfrontation mit der Diana von Ephesus. MacMullen, der historische Quellen zitiert, sagt, dass Johannes, anders als Paulus, in den Tempel der Diana ging, um dort geistliche Kampfführung zu praktizieren. Er sagt, „Im Tempel der [Diana] betete [Johannes], ‚O Gott... in dessen Namen jeder Götze flüchtet und jeder Dämon und jeder unreine Geist: lass' nun diesen Dämon, der hier [in diesem Tempel] ist in Deinem Namen flüchten...'. Und während Johannes das sagte, zersprang der Altar [der Diana] plötzlich in viele Einzelteile... und die Hälfte des Tempels zerbrach" (S. 26).

MacMullen beschreibt weiter, dass diese Begegnung der Mächte sehr viele Epheser zum Glauben an Christus brachte. Dann kommentiert er – ein professioneller Historiker – warum er glaubt, dass dies im Einhergang mit gleichartigen Begebenheiten während der Evangelisation des römischen Reiches, als historisch gültig zu betrachten sei.

Während der nächsten 50 Jahre betete im römischen Reich so gut wie niemand mehr die Diana an und ihr Kult verringerte sich auf einen Schatten dessen, was er vorher gewesen war, nachdem Paulus und Johannes nach Ephesus gekommen waren. Die Stadt Ephesus wurde für die nächsten 200 Jahre zum Weltzentrum des Christentums.

Ephesus heute

Doris und ich traten im August 1997 unsere erste Reise in die Türkei an. Wir nahmen an der „Initiative: Gebetsfenster III" teil, bei deren Koordination wir halfen. Gott legte es uns aufs Herz, dass wir unsere Gebete auf die unerreichte Menschengruppe der Türken konzentrieren sollen. Das bedeutete für uns ein neues Terrain zu betreten, da wir nur sehr wenige Kenntnisse über die Türkei und auch keine persönlichen türkischen Freunde hatten.

Wir waren erfreut über das, was wir fanden. Wie jedes andere Land der Welt ist die Türkei ein wunderschönes Land, mit einer langen Geschichte. Einige sagen, dass der Garten Eden in der Türkei gelegen hätte, und das könnte sehr wohl der Fall sein. Die Menschen dort sind wundervoll – freundlich, gastfrei, umgänglich, fleißig. Wir verstanden dann, warum die Türkei eines der bevorzugten Urlaubsziele der Touristik in Europa ist. Als wir nach Hause zurückkehrten, sehnten wir uns wieder dort hin zurück.

Die meisten Türken sind Moslems und besitzen eine angeborene Loyalität zu ihrem Glauben. Die türkische Regierung ist aber säkular eingestellt und lehnt die Versuche des islamischen Fundamentalismus ab, der Türkei die Art einer geschlossenen Gesellschaft, wie sie in den mittelöstlichen Staaten herrscht, aufzuerlegen. Die Türken sind keine Araber, und wollen auch keine sein. Sie wollen ein Teil der Europäischen Union sein. Christliche Kirchen, Bibelschulen, Buchläden und Wallfahrten sind erlaubt. Ein Türke hat die Möglichkeit sich zum christlichen Glauben zu bekehren, wenn er es wünscht. Zur Zeit gibt es ca. 500 wiedergeborene Christen in der Türkei. Es ist wahr, dass es einige Gesetze gibt, welche die Art und Weise, wie evangelisiert werden darf einschränken und die öffentliche Ausgabe von Literatur verbieten, aber das betrifft die Christen wie die Nichtchristen. Christen, die diese Gesetze absichtlich missachten, verdienen es bestraft zu werden.

Die Mondgöttin

Als wir in der Türkei waren, haben wir etwas gelernt, dessen wir uns vorher noch nicht bewusst waren. Die antike Mondgöttin (in der Literatur bezieht man sich auf den männlichen „Mondgott"), hat seit Jahrtausenden einen großen Einfluss auf die Menschen im mittleren Osten. Die geistlichen Mächte, die hinter der Mondanbetung stehen, ob sie nun als männlich oder weiblich personifiziert werden (die menschliche Unterscheidung der Geschlechter hat keine Parallele unter den Wesen der Engel), sind tiefer in viele mittelöstliche Kulturen eingebettet (wie auch in viele anderer Kulturen außerhalb des mittleren Ostens), als wir gedacht hatten. Das Symbol der Mondgöttin ist der Halbmond.

Hatte die Mondgöttin irgend etwas mit der Diana der Epheser zu tun? Ich habe viele Bilder der vielbrüstigen Dianastatue gesehen, aber es ist mir erst bei unserem Aufenthalt in der Türkei aufgefallen, dass sie eine Halskette mit dem Halbmond trägt! Die Mondgöttin hat folgenden biblischen Bezug. Beide Städte, Ur der Kaldäer, woher Abrahams Familie stammt, und Haran, wo Abraham bis zum Tode seines Vaters lebte, waren Städte, die von der Mondgöttin, Sin, regiert wurden. Abrahams Familie betete die Mondgöttin an. So ist es nicht übertrieben, zu sagen, dass sich Abraham selbst von der Mondgöttin zu Jahwe bekehrt hat!

Die Himmelskönigin

Die Macht der Finsternis, die sich in der Form der Diana der Epheser und der Mondgöttin manifestiert, ist die Himmelskönigin. Einer der Namen der Diana war „Die Himmelskönigin".

Wer ist die Himmelskönigin?

Wahrscheinlich ist die einzige Stelle in der Bibel, in der Gott nachdrücklich verlangt für bestimmte andere Menschen nicht zu beten der Vers in Jeremia 7,16: „Du aber, bitte nicht für dieses Volk und erhebe weder Flehen noch Gebet für sie und dringe nicht in mich! Denn ich werde nicht auf dich hören." Das ist eine außergewöhnliche Aussage, die eine Situation widerspiegelt, die es scheinbar erfordert, dass die Eigenschaft von Gottes Rache seine Barmherzigkeit überschattet. Irgend etwas sehr böses muss geschehen sein, um solch eine Reaktion hervorzurufen. Was war das?

Es hat mit der Himmelskönigin zu tun. „Die Kinder lesen Holz, und die Väter zünden das Feuer an, und die Frauen kneten den Teig, um für die Himmelskönigin Kuchen zu machen." (Jer. 7,18). Ganze Familien, Männer, Frauen und Kinder sind mit der Anbetung eines unreinen territorialen Geistes des Bösen beschäftigt. Der Herr sagt weiter, dass „sich mein Zorn und mein Grimm über diesen Ort ergießen wird." Eine noch längere

Schriftstelle findet sich in Jeremia 44, wo die Juden in Ägypten „der Himmelskönigin Rauchopfer [darbrachten] und ihr Trankopfer [spendeten]". (Jer. 44,17). Gott bittet, „Tut doch nicht diesen Greuel, den ich hasse!" (Jer. 44,4).

Tatsache war, dass die Juden in Jerusalem und Judäa genau das Gleiche getan hatten, weshalb Gott sie in die siebzigjährige babylonische Gefangenschaft führte (das wird in Jeremia 44,2-3 erklärt).

Die große Hure an vielen Wassern

Weil Gott ein Gott ist, der es nicht will, dass irgend jemand verloren geht (siehe 2. Petrus 3:9), ist meine Hypothese, dass Er die Himmelskönigin so sehr hasst, weil sie die dämonische Macht ist, die gleich nach Satan am meisten dafür verantwortlich ist, Ungläubige in geistlicher Finsternis zu halten. Es könnte sehr gut möglich sein, dass heute mehr Menschen durch den Einfluss der Himmelskönigin in der Hölle sind, als auf Grund irgend eines anderen geistlichen Einflusses.

Die Himmelskönigin ist „die große Hure, die an den vielen Wassern sitzt", wie es in Offenbarung 17 steht. Was sind die „Wasser"? „Die Wasser, die du gesehen hast, wo die Hure sitzt, sind Völker und Völkerscharen und Nationen und Sprachen;" (Offb. 17:15).

Warum waren viele unerreichte Völker unempfänglich für den großen Segen gewesen, den Gott über sie und ihrer Nation ausgießen wollte?

Wegen der verführerischen Macht der Himmelskönigin. Jetzt ist es Zeit in geistliche Aktion zu treten!

Kapitel 2

WIE SOLLEN WIR REAGIEREN?

Als Paulus Ephesus verließ blühte die Gemeinde, die er zurück lies. Es handelte sich hier nicht um eine große Stadtgemeinde, wie wir sie uns vielleicht vorstellen würden, sondern um zahlreiche Hausgemeinden, die über die ganze Stadt und Klein-Asien verteilt waren. Die Mächte und Gewalten der Finsternis waren zurück gedrängt und das Königreich Gottes war in diesem Gebiet fest verwurzelt.

Etwa fünf Jahre später schreibt Paulus aus einem römischen Gefängnis einen Brief an die Gläubigen in Ephesus. Es sollte uns nicht überraschen, dass die Epistel des Paulus an die Epheser einen höheren Prozentsatz an Sprache, die sich auf geistliche Mächte bezieht, enthält, als alle anderen Bücher im Neuen Testament. Die geistliche Kampfführung, die der Gemeinde dort geholfen hat sich zu verwurzeln, ging immer noch weiter. Zu dieser Zeit ist Timotheus nach Ephesus gegangen, um dort zu dienen, und darum schreibt Paulus an Timotheus solche Dinge wie: „...damit Du den guten Kampf kämpfst...“; (1. Tim 1,18). „...kämpfe den guten Kampf des Glaubens“ (1. Tim. 6,12); „Nimm teil an den Leiden als ein guter Streiter Christi Jesu.“ (2. Tim. 2,3); und „Niemand, der Kriegsdienst leistet, verwickelt sich in die Beschäftigungen des Lebens, ...“ (2. Tim. 2,4). Dann, als Timotheus ging, kam Johannes nach Ephesus und wir haben schon einen Teil der geistlichen Kampfführung, die er vor allem im Tempel der Diana betrieb, betrachtet.

Zweifellos hat Paulus, als er den Ephesern schrieb, die überwältigenden dämonischen Austreibungen durch Taschentücher, die machtvollen Begegnungen mit den Zauberern und dem Aufstand der Silberschmiede im großen Amphitheater, Revue passieren lassen. Es war das Anliegen des Paulus, dass das, was durch geistliche Kampfführung erworben wurde, auch durch geistliche Kampfführung behalten bliebe. Wenn wir sehen, dass es jetzt an der Zeit ist, wieder gegen die Himmelskönigin in den Krieg zu ziehen, sollten wir erwarten, wichtige Richtlinien dafür aus dem Brief an die Epheser zu erhalten.

Lasst uns sehen, was in diesem Brief steht.

Die wahre Natur des Kampfes

Territoriale Geister, wie die Himmelskönigin, sollten nicht auf dem geistlichen Thron über Nationen wie der Türkei oder Japan sitzen, wo sie als die Sonnengöttin regiert, oder Mexiko, wo sie als die Jungfrau von Guadalupe bekannt ist, oder Nepal, wo sie als Sagarmatha herrscht, oder über Städten wie Calcutta, wo sie als Cali auftritt. Jesus Christus sollte auf dem Thron sein. Nur wenn die Finsternis zurückgedrängt wird und das Licht des Evangeliums kommt, ist es möglich, dass der volle Segen Gottes über dieser Nation und ihrem Volk ausgegossen werden kann.

Als Paulus an die Gläubigen in Ephesus schreibt, sagt er ihnen, dass er betet, „dass der Gott unseres Herrn Jesus Christus, der Vater der Herrlichkeit, euch gebe den Geist der Weisheit und Offenbarung..." (Eph. 1,17). Bevor wir auf irgendeiner Ebene in geistliche Kampfführung gehen, vor allem auf der strategischen Ebene, ist eine Offenbarung absolut nötig. Wir müssen von Gott hören und ihm erlauben, daß Er sich selbst und Seinen Willen offenbart. Dann brauchen wir die Weisheit, um zu wissen, wie wir das, was wir hören interpretieren und wie wir auf Gottes Befehle handeln sollen. Offenbarung ohne Weisheit kann zur Torheit führen. Weisheit ohne Offenbarung führt in eine Sackgasse.

„Auf Erd' ist nicht seinesgleichen"

Diese Weisheit und Offenbarung ist nicht gewöhnlich. Sie bezieht sich spezifisch auf das, was Paulus als „die überschwengliche Größe seiner [Gottes] Kraft an uns, den Glaubenden, (ist), nach der Wirksamkeit der Macht seiner Stärke" (Eph. 1,19) beschreibt. Es ist wichtig, sich an die Kraft Gottes anzuschließen. Nur wer lebensmüde ist, geht in diese Art geistliche Kampfführung, zudem er sich auf seine eigenen menschlichen Fähigkeiten verlässt. Martin Luther erwähnt in seinem herausragenden Lied der geistlichen Kampfführung, „Ein feste Burg ist unser Gott", den Teufel und schreibt dann, „auf Erd' ist nicht seins gleichen". Das ist so wahr! Nur die mächtige Kraft Gottes kann uns unterstützen, wenn wir aggresiv die Mächte der Finsternis angreifen.

Welche Ebene der geistlichen Kampfführung meint Paulus, als er den Ephesern schreibt? Er sagt, dass Jesus an der rechten Seite Gottes sitzt und „(hoch) über jede ‚Gewalt und Macht und Kraft und Herrschaft' ist" (Eph. 1,21). Zweifellos denkt Paulus an die Diana der Epheser und die täglichen Opfer, die ihr auf ihrem verzierten Tempel dargebracht werden. Jesus steht über der Diana oder jedem ähnlichen territorialem Geist, egal, wie lange sie schon über Menschen oder Städten regiert haben. Die Armeen Gottes sind herausgerufen, die rechtmäßige Herrschaft des Königs der Könige und des Herrn der Herren auf den höchsten geistlichen Ebenen durchzusetzen.

All das steht im ersten Kapitel des Epheserbriefes. Durch die ganze Epistel hindurch, bis zu seinem Schluss in Kapitel 6, bringt Paulus weitere Teilstücke und Bedingungen in eine logische Abfolge. Dort sagt er unter anderem, dass „unser Kampf [ist] nicht gegen Fleisch und Blut, sondern gegen die Gewalten, gegen die Mächte, gegen die Weltbeherrscher dieser Finsternis, gegen die Geister der Bosheit in der Himmelswelt" gerichtet ist (Eph. 6,12). Das ist ganz klar geistliche Kampfführung auf der strategischen Ebene.

Der Leib folgt den Befehlen des Hauptes

Paulus erinnert die Epheser daran, dass Gott Jesus „der Gemeinde zum Haupt über alles [gesetzt hat], welche sein Leib ist, nämlich die Fülle dessen, der alles in allem erfüllt." (Eph. 1,22-23)[1]

Wenn sich Gläubige in jeglichem Aspekt ihres Lebens dort befinden wollen, wo Gott sie haben will, müssen sie sich dem Haupt des Leibes, Jesus Christus, unterstellen. Das bezieht sich auf Personen im einzelnen und auf Gemeinden im allgemeinen. Es ist extrem wichtig für die Effektivität der geistlichen Kampfführung.

Die Analogie des Hauptes und des Leibes ist so einfach, dass es mich immer wieder überrascht, wenn ich auf Menschen stoße, die sie nicht verstehen. Lasst uns dieses Bild auf unseren menschlichen Körper übertragen. Wir haben einen Kopf und einen Körper. Der Kopf lenkt den Rest des Körpers. Der Körper führt den Willen des Kopfes aus.

Nehmen wir zum Beispiel einmal an, ich hätte mich entschieden ein Haus zu bauen. Mein Kopf sagt mir, dass ich ein Haus bauen soll, was für ein Haus es sein soll und wo es stehen soll. Aber mein Kopf baut dieses Haus nicht, mein Körper tut das. Mein Kopf sagt mir vielleicht, dass ich das Essen kochen soll, aber er kocht es nicht, mein Körper tut es. Mein Kopf sagt mir, dass ich mit dem Auto fahren soll, tut das aber selbst nicht.

Das Haupt sagt: „Greife den Feind an!"

Da Jesus das Haupt des Leibes Christi ist, müssen wir ihm folgen, wo er uns hinführt. Er wird uns auftragen, was wir tun sollen, aber Er selbst hat keine Absicht in Aktion zu treten, da Er das Haupt ist. Im Bezug auf die Stadt Ephesus gibt es mindestens drei wichtige Dinge, die das Haupt dem Leib über geistliche Kampfführung mitteilt.

[1] Bibeltext in der revidierten Fassung von 1984 © 1985 Deutsche Bibelgesellschaft Stuttgart. Alle Rechte vorbehalten.

1. Stellt euch gegen die List des Teufels

Paulus sagt den Ephesern, dass sie die ganze Rüstung anlegen sollen, „damit ihr an dem bösen Tag widerstehen und, wenn ihr alles ausgerichtet habt, stehen könnt“ (Eph. 6,13). Hier handelt es sich nicht um einen freundlichen Auftrag. Dabei geht es nicht um etwas, das man leicht erledigen kann. Der Grund hierfür ist, dass dieser Teufel ein furchteinflößendes Geschöpf ist. Paulus beschreibt ihn in der gleichen Epistel als den „Fürsten der Macht der Luft“ (Eph. 2,2). Es ist für mich schwer verständlich, dass christliche Leiter darauf bestehen, die Macht Satans zu trivialisieren. Wenn man ihn als Schwächling oder einen zahnlosen Löwen darstellt, dient das nur dazu, Menschen zu ermutigen, dass sie damit über die Runden kommen können, in dem sie den Teufel mit einer Fliegenklatsche angreifen.

Ich nehme an sie sagen so etwas, weil sie die Kraft des Teufels mit der Kraft Gottes vergleichen, jedoch gibt es in der Tat keinen Vergleich zwischen beiden.

Aber hier geht es nicht darum. Wir sind keine Zuschauer im Kampf zwischen Gott und den Dämonen. Wir sind diejenigen, die sich gegen die List des Teufels stellen. Das Haupt teilt dem Körper mit, was zu tun ist, und das Haupt wird die Arbeit nicht für uns tun.

2. Verpflichtet euch zur aktiven geistlichen Kampfführung

Im Neuen Testament ist die Epistel, die Paulus an die Epheser schreibt, nicht der einzige Brief, der an die Gemeinde in Ephesus gerichtet ist. In Offenbarung 2,1-7 findet man einen weiteren, welcher vom Haupt der Gemeinde selbst geschrieben wurde. Alle sieben Briefe, die in Offenbarung 2-3 stehen, wurden von Jesus an die Gemeinde in Ephesus und die anderen Gemeinden in Klein-Asien geschrieben, die von Paulus und seinem Team gegründet wurden.

In jedem dieser Briefe schreibt Jesus, dass die, die Ohren haben, hören sollen was der Heilige Geist den Gemeinden sagt. Das einzige, andere Verb, das einen Befehlscharakter hat und in allen sieben Briefen zu finden ist, ist „überwinden". Jedes mal, wenn es gebraucht wird, steht eine außergewöhnliche Verheißung dabei. Im Brief an die Epheser schreibt Jesus zum Beispiel, „Wer überwindet, dem werde ich zu essen geben von dem Baum des Lebens, welcher in dem Paradies Gottes ist." (Offb. 2,7).

Das Wort „überwinden", das Jesus sieben mal wiederholt, ist im Griechischen *nikao.* Es handelt sich hier um einen militärischen Begriff aus dem säkularen Griechisch, aber im „The New International Dicitonary of New Testament" steht folgende Beschreibung: „Im Neuen Testament setzt [nikao] fast immer eine Auseinandersetzung zwischen Gott und den widerstehenden, dämonischen Mächten voraus" (Band 1, S. 650). Mit anderen Worten bedeutet es, in geistlicher Kampfführung zu stehen.

Den Starken binden

Jesus verwendet das gleiche Wort in Lukas 11,22, als Er über das Überwinden (nikao) des Starken im Bezug auf Beelzebub spricht, einem hochgestellten Fürsten von der Größenordnung der Himmelskönigin. Die Parallelstelle in Matthäus verwendet ein anderes Verb und spricht davon den „Starken [zu] binden" (Mt. 12,29), ein Ausdruck, der im „International Spiritual Warfare Network" häufiger verwendet wird.

Lasst uns nicht das Wichtige übersehen. Sieben mal hält Jesus seine Nachfolger dazu an, in geistliche Kampfführung zu gehen auf die Art, die auf der strategischen Ebene stattfindet. Das geschah nach dem Kreuz und der Auferstehung. Ich erwähne das, weil manche meinen, dass Jesu Sieg am Kreuz über die Mächte der Finsternis (siehe Kol. 2,15) uns von jeglicher Verantwortung in der aktiven geistlichen Kampfführung unsererseits befreit. Wenn das der Fall wäre, hätte Jesus nach seinem Tod am Kreuz nicht sieben mal darüber gesprochen. Hier spricht das Haupt zum Leib und der Leib sollte sich den Anweisungen des Hauptes unterstellen.

Natürlich war Johannes der Schreiber, der die Worte von Jesus hörte, und sie in das Buch der Offenbarung schrieb. Er schrieb dies zu der Zeit, als er unter der Verfolgung des römischen Herrschers Domitian aus seiner Heimatstadt Ephesus ins Exil nach Patmos verbannt wurde. Später, als Domitian gestorben war, kehrte Johannes nach Ephesus zurück. Ich hoffe, man wird mir vergeben, wenn ich hier eine Behauptung aufstelle, für die ich keinerlei Beweise habe. Nachdem Johannes auf Patmos über das „Überwinden", geschrieben hat und nach Ephesus zurückkehrte, ging er mutig in die Auseinandersetzung der Mächte im Tempel der Diana, über die wir im letzten Kapitel gelesen haben. Das könnte gut möglich sein.

3. Proklamiere die Weisheit Gottes den Fürstentmern und Gewalten.

Paulus drückt sein brennendes Verlangen aus, dass „den Gewalten (Fürstentümern) und Mächten in der Himmelswelt durch die Gemeinde die mannigfaltige Weisheit Gottes kundgetan werde" (Eph. 3,10). Das ist ein weiterer Befehl vom Haupt des Leibes. Er besagt ausdrücklich, dass die Gemeinde diese Proklamation an die Gewalten (Fürstentümer) und Mächte in der Himmelswelt richten soll. Eine Auslegung hierzu von vielen ist, es bedeutet, das Evangelium des Königreiches Gottes zu proklamieren.

Die Gemeinde sollte in Tat und Wort die territorialen Geister über Orten wie Ephesus daran erinnern, dass das Königreich Gottes in das Königreich der Finsternis mit dem Leben, dem Tod und der Auferstehung Jesu Christi eingedrungen ist, und dass der „Gott dieser Welt" den Verstand der Ungläubigen in Ephesus, der Türkei, Japan, Nepal, Kalkutta oder jedem anderen Ort, dem herrlichen Evangelium Jesu gegenüber nicht mehr verblenden darf. Diese Art der Proklamation des Hauptes wird voraussichtlich negative Reaktionen und Gegenangriffe von den Mächten des Bösen nach sich ziehen und der geistliche Kampf kommt somit in Gang.

Einer der großen Apostel der argentinischen Erweckung, die sich jetzt in ihrem 15. Jahr befindet, ist der Evangelist Carlos Annacondia. In praktisch jeder Versammlung proklamiert er buchstäblich die Weisheit Gottes dem Teufel und jeder geistlichen Gewalt, die sich vielleicht in der näheren Umgebung befindet. Viele male habe ich ihn das mit einer sehr lauten Stimme und mächtigen Salbung sagen hören. Der Titel seines neuen hervorragenden Buches lautet: Höre auf mich, Satan! (*Listen to me, Satan!* – Creation House). Wenn dieser Kampfschrei ergeht, beginnen Nacht für Nacht Dinge zu geschehen. Dämonen manifestieren sich und werden in großer Zahl ausgetrieben, Kranke werden auf wunderbare Weise geheilt und Sünder laufen buchstäblich zur Plattform, um errettet zu werden. Bis jetzt haben sich zwei Millionen Menschen in seinen Veranstaltungen bekehrt.

Ein weiterer Vers aus „Kumbaya?"

Ein Grund dafür, warum so etwas in Amerika und der westlichen Welt nicht geschieht, ist die Passivität einer Gemeinde. Ich kenne Gemeinden, die sich zur Ruhe gesetzt haben und darauf warten, dass Jesus die Arbeit macht. Einige sagen, dass sie es vorziehen im geistlichen „Schlafzimmer" zu bleiben und die Vertrautheit mit Gott durch Lobpreis und Anbetung zu genießen, an statt auf das „Schlachtfeld" zu gehen, wo es Verluste geben könnte. Zu viele Gemeinden sitzen herum und singen einen weiteren Vers aus „Kumbaya", während ganze Nationen unter der Herrschaft territorialer Geister bleiben und täglich Tausende sterben und in die Hölle gehen. Einige Glieder des Leibes Christi warten eher darauf, dass das Haupt die

Arbeit für sie erledigt, als dass sie ihm gehorchen. Normalerweise geht das aber nicht so.

Offensichtlich gibt es jetzt einiges nachzuholen, was wir in der Vergangenheit versäumt haben. Um das Richtige zu tun, brauchen wir den Geist der Weisheit und Offenbarung um den Paulus gebeten hat. Was sagt der Heilige Geist heute den Gemeinden? Wie versucht das Haupt den Leib Christi zu führen? Ich glaube wir haben einige Antworten zu diesen wichtigen Fragen.

Kapitel 3

DIE KAMPFANSAGE AN DIE HIMMELSKÖNIGIN

Eine der ersten Verantwortungen, die ich wahrnehmen musste, als ich 1990 die Stelle des Koordinators für das „International Spiritual Warfare Network" annahm, war es, die verschiedensten Regionen der Welt zu besuchen, um mich mit jenen zu treffen, die zumindest ein wenig von strategischer Kampfführung verstehen und diese auch bis zu einem gewissen Grad anwandten. Da für mich Anfang der 1990er so vieles neu war, befand ich mich fast regelmäßig in der Rolle des Zuhörers und Lernenden. Es hat nicht lange gebraucht, das Muster zu erkennen, welches sich von Kontinent zu Kontinent durchzog, und immer wieder auf die „Himmelskönigin" hinwies.

So fing ich an, Fragen über die Himmelskönigin zu stellen. Die Bibel sagt, wenn wir der List des Teufels gegenüber unachtsam sind, wird er seinen Vorteil daraus schlagen (siehe 2. Kor. 2,11).

Was ist die List der Himmelskönigin? Zu diesem Zeitpunkt fing ich an zu begreifen, dass sie eine der wichtigsten Gewalten (Fürsten) unter der Führung Satans sein muss, aber was war ihr modus operandi? Jahrelang erhielt ich nur unzusammenhängende Stückchen, aber ich war davon überzeugt, dass Gott uns die Antwort zeigen würde. Heute glaube ich zu wissen, warum wir international nicht zum gleichen Schluss gekommen sind. Gott wusste, dass wir noch nicht so weit waren und Er kümmerte sich selbst um den Zeitpunkt.

Der Marsch der Versöhnung

Als Doris und ich im August 1997 auf unserer Rundreise in die Türkei waren, hatten wir nicht die leiseste Ahnung, dass es sich dabei um mehr handelte als unsere Teilnahme an der Initiative „Gebetsfenster III“. Unsere Erwartungen gingen dahin, dass wir das türkische Volk segnen und dann wieder nach Hause gehen würden. Dafür haben wir uns einige Tage freigenommen und dies auf dieser Reise mit eingeplant. Wir haben uns, bevor wir losfuhren, weder gedanklich noch im Gebet mit den Dingen beschäftigt, die mit der Himmelskönigin zu tun hatten. Wir bekamen jedoch den Eindruck, in Izmir ein Hotel zu buchen, um in Ephesus und Pergamon zu beten.

Auf dem Weg nach Istanbul planten wir einen Aufenthalt, um mit den Fürbittern des Versöhnungsmarsches zusammenzutreffen; mit ihnen zu beten und sie zu ermutigen. Heute sehe ich, dass der Versöhnungsmarsch ein wichtiger Faktor in Gottes Zeitplanung war, um die Himmelskönigin herauszufordern.

Der Versöhnungsmarsch, der auf eine Vision Lynn Greens von JmeM zurückzuführen ist, ist die größte Gebetsexpedition dieses Jahrzehnts. Das Vorhaben ist ganz einfach: Mobilisierung von christlichen Fürbittern, die auf allen Wegen des ersten Kreuzzuges gehen und Moslems und Juden gegenüber für die Sünden Buße zu tun und um Vergebung bitten, die unsere christlichen Vorfahren an ihnen in dem ersten Kreuzzug vor 900 Jahren, und den darauf folgenden, begangen haben.

Um Vergebung für die Kreuzzüge bitten

Die gesammelten christlichen Erinnerungen an die mittelalterlichen Kreuzzüge sind sehr wage. Wir sind der Meinung, es handle sich dabei um altertümliche Geschichte – lange vorbei und vergessen. Wir haben die Kreuzzüge so weit trivialisiert, dass wir sogar einige unserer jetzigen evangelistischen Veranstaltungen „Kreuzzüge“ nennen, als ob das, was unsere Vorfahren taten, gut oder sogar nobel gewesen wäre.

Moslems und Juden haben andere Erinnerungen. Für sie ist es, als hätten die Kreuzzüge erst gestern stattgefunden. In ihren Schulen werden sie gelehrt Christen und das Christentum, zumindest teilweise, im Licht der Kreuzzüge zu beurteilen. Sie werden unter anderem gelehrt, dass die christlichen Kreuzritter am Ende des ersten Kreuzzuges im Juli 1099 beim Einzug in Jerusalem 30.000 wehrlose moslemische Zivilisten, einschließlich Frauen und Kinder, kaltblütig ermordeten. Sie lernen, dass sich die 6.000 Juden, die zu dieser Zeit in Jerusalem lebten, in ihre Synagoge flüchteten, und sich in Sicherheit wähnten. Aber die Kreuzritter verriegelten die Türen von außen und setzten die Synagoge in Brand. Als die Juden in diesem 11ten Jahrhundert Holocaust verbrannten, ritten die Kreuzritter mit Bannern, die mit dem christlichen Kreuz versehen waren, um die Synagoge, und übertönten die Schreie der Sterbenden mit dem Singen von christlichen Hymnen.

Glücklicherweise wissen wir durch Leiter wie John Dawson, Cindy Jacobs und Lynn Green, dass wir Christen heute durch identifizierende Buße etwas tun können. Die Wunden der Vergangenheit können geheilt werden, wenn wir uns demütigen, beten, Gottes Angesicht suchen und von unseren bösen Wegen umkehren, wie wir es in 2. Chr. 7,14 lesen. Der Versöhnungsmarsch ist ein riesiger Schritt in diese Richtung gewesen. Es gibt keine Festung, die mächtiger ist als die Kreuzzüge, um den vollen Segen Gottes über die Moslems zurückzuhalten. Der Versöhnungsmarsch will durch öffentliche Taten wie Demütigung und Buße den Fürsten der Finsternis entmachten.

Ich hatte das Privileg am Ostersonntag 1996 in Köln, Deutschland, zu sein, um die erste Gruppe der Fürbitter dieses Versöhnungsmarsches auszusenden. Das war das 900-jährige Jubiläum des Tages, an dem Peter der Einsiedler seine Truppen in den ersten Kreuzzug führte. Unser Besuch in Istanbul im August 1997 war in der Mitte dieser Expedition. Doris und ich waren im Juli 1999 dabei, die Fürbitter zu empfangen, als sie in Jerusalem ankamen.

Das Fax von Alice Smith

Bevor wir Istanbul verließen, wussten Doris und ich nicht, wie wir in Ephesus und Pergamon beten sollten. Unerwarteter Weise erhielten wir in unserem Hotel ein dreiseitiges Fax von Alice Smith, unsere I-1 Fürbitterin, die in Houston, Texas lebt. Alice ist eine von 22 persönlichen Fürbittern, die für Doris und mich inständig beten und regelmäßig vom Herrn mit für uns hören. Ich sage gerne, dass ich selbst vom Herrn höre, doch ich brauche zu 50 % eine Hörhilfe! Dieses mal war Alice diese geistliche Hörhilfe.

Wie ich mich erinnere, erzählte Alice, dass sie für uns zwischen etwa 2:00 und 5:00 Uhr morgens betete. So etwas war nicht ganz ungewöhnlich – das ist schon vorher geschehen. Aber dieses mal zeigte ihr der Herr, wie Doris und ich am Tempel der Diana und dem Thron Satans (siehe Offb. 2,13) in Pergamon beteten. Was wir dann auch taten. Wir nahmen uns einen persönlichen Reiseführer und beteten anhand des Skriptes, dass uns Gott in diesem Fax offenbart hatte, an jenem Morgen in Ephesus und am Nachmittag in Pergamon.

Alice sagte, indem sie sich auf Offenbarung 2,17 bezog, ich würde, während ich mich in Pergamon aufhielt, verborgenes Manna,einen weißen Stein und einen neuen Namen erhalten. Der weiße Stein ist jetzt mein Studierzimmer in Colorado Springs. Ich glaube zu wissen, welcher der neue Name ist, aber ich soll ihn laut der Schriftstelle niemand anderem sagen. Aber eines der wichtigsten Dinge, die Alice schrieb war, dass das „verborgene Manna" eine neue Offenbarung sei, die sich als ein wichtiger Schritt in Bezug auf Weltevangelisation zeigen würde. Doris und ich nahmen das wörtlich und so waren wir bereit, jegliche Richtungsweisung, die der Herr uns auf dieser Reise geben würde, zu empfangen. Die Bedeutung dieser Gebetsreise gewann nun eine neue Tragweite.

Geistliche Elektrizität in Ephesus

Unser erster Halt war in Ephesus. Wir besichtigten die antike Stadt, jedoch als wir zum Tempel der Diana kamen, baten wir unseren moslemischen Führer, alleine dort hin gehen zu können, weil wir christliche Gebete sprechen wollten. Der Tempel und die nähere Umgebung waren in einem verwarlosten Zustand – er wurde niemals restauriert, wie viele andere Teile des antiken Ephesus. Es waren sehr wenige andere Touristen anwesend.

Als wir die Abgrenzungen der Tempelanlage überschritten, wurde Doris' Körper wie statisch aufgeladen! Seit Jahren steht sie im Befreiungsdienst für dämonisierte Menschen und hat somit eine überdurchschnittliche Sensibilität für Dinge wie diese entwickelt. Es gab keinen Zweifel. „Die Macht ist immer noch hier!", sagte sie. Wir wunderten uns darüber, weil es nicht so aussah, als ob Dianas Altar zur Zeit für Anbetung oder dergleichen benutzt wurde. Später dann kamen wir zu dem Schluss, dass der zentrale Punkt der Machtkonzentration wahrscheinlich nicht innerhalb des Tempels lag, sondern etwas abseits. Doch dazu später mehr.

Als wir am Thron Satans (der Altar des Zeus) in Pergamon beteten, fühlte Doris nicht die gleiche Gegenwart der Mächte der Finsternis wie zuvor. Vielleicht liegt das daran, dass der Altar nach Deutschland gebracht und dort wieder im Pergamon Museum in Berlin aufgebaut wurde. Es wird gesagt, dass Hitler sich oft wegen der okkulten Mächte, die er gebrauchte, um das Dritte Reich zu bauen, an diesen Altar gewandt hatte.

Maria, die Mutter Jesu, in Ephesus

Als Johannes nach Ephesus ging, nahm er Maria, die Mutter Jesu mit. Als Jesus vom Kreuz herunter schaute, sagte Er zu Maria: „Frau, siehe Dein Sohn!" Dann sagte Er zu Johannes: „Siehe, Deine Mutter!" „Und von jener Stunde an nahm der Jünger sie zu sich." (Joh. 19,25-27). Manche sagen, Maria sei gestorben. Andere sagen, sie wäre wie Elija direkt in den Himmel genommen worden. Wie auch immer sie diese Erde verlassen hat, als letztes wurde sie in Ephesus gesehen.

So viel ist Geschichte. Nun wechsle ich zu einem rein hypotetischen „Was, wenn?" über. Wäre es unvernünftig zu denken, dass der Himmelskönigin folgendes durch den Kopf ging? Könnte es sein, dass die Himmelskönigin, das, was Georg Otis, Jr. „verführerische Anpassung" nannte, gekonnt in die Praxis umgesetzt hat? Nachdem Paulus und Johannes ihren Dienst in Ephesus getan hatten, geriet der Kult der Diana ins Trudeln. Ephesus wurde zum Weltzentrum der Christenheit. Von diesem Zeitpunkt an hatte die Himmelskönigin keinen Verwendungszweck mehr für Diana. Doch ihr Auftrag von Satan war blieb es, die Menschen in geistlicher Dunkelheit zu halten.

Könnte es sein, dass die Himmelskönigin sich fragte, was für eine Möglichkeit sie hätte, Menschen von innen davon abzuhalten, sich zu bekehren, wenn sie das Christentum von außen nicht stoppen konnte? Aber wie? Zu dieser Zeit war die wahre Maria bereits bei ihrem Sohn im Himmel. Wäre es möglich, innerhalb der Christenheit eine falsche Maria darzustellen, die bevollmächtigt von der Himmelskönigin war, Wunder zu tun und sich in Erscheinungen zu manifestieren, und somit die Anbetung auf sich zu ziehen, auch die der christlichen Gemeinden, die Jesus allein gebührt? Es gäbe möglicherweise einen Weg hier in Ephesus, die Macht, die einst in Diana war, auf eine gefälschte Maria zu übertragen. Wenn die Menschen die Diana nicht mehr anbeten wollen, könnten sie doch eine falsche Maria anbeten!

Ich möchte, dass alle verstehen, dass ich den Ausdruck „gefälschte Maria" verwende, um sie von der richtigen Maria, der Mutter Jesu, zu unterscheiden. Die wahre Maria ist gesegnet unter den Frauen, wie der Engel Gabriel sagte (Lk. 1,28). Es gab und wird auch nie so eine Frau geben, die ihr gleicht. Weil Gott sie so sehr begünstigt hat, müssen auch wir ihr Gunst und Ehre erweisen. Sie ist nun im Himmel mit ihrem Sohn. Die Bibel gibt uns von dem, was sie tut, keine Details. Aber ich glaube stark, dass sie von dem, was die Himmelskönigin hier auf der Erde, im Auftrag Satans tut, nämlich die Menschen Jesus und Seiner Liebe gegenüber zu verblenden, abgestoßen ist.

Die Mutter Gottes

Mit der Zeit verschob sich das Zentrum des Christentums langsam von Ephesus nach Rom und Konstantinopel. Als dies geschah, und das Römische Reich von Kaiser Konstantin als christlich erklärt wurde, wurde die falsche Maria mehr und mehr zum Zentrum der christlichen Liturgie und Anbetung. Das ging so weit, dass die Kirche in Rom an einem bestimmten Punkt Maria offiziell als „Mutter Gottes“ erklärte.

Wie sollte es nun weiter gehen? Warum nicht zurück nach Ephesus gehen? 431 n. Chr. fand in Ephesus ein sogenanntes „Ökumenisches Konzil“ statt. Das Konzil von Ephesus erklärte, dass Maria die Theotokos ist, die Mutter Gottes. Dieses Dogma besteht bis zum heutigen Tage in der römischen Kirche.

Götzendienst in Ephesus

In Ephesus wurde ein Schrein gebaut, um ein Götzenbild der gefälschten Maria zu beherbergen. Während am Altar der Diana vielleicht relativ wenig offenkundige Anbetung stattfindet, wird die gefälschte Maria als Götze 365 Tage im Jahr mit Kerzen, Blumengaben und anderen Dingen aktiv angebetet. Fromme Fanatiker verbeugen sich vor ihr in Ehrerbietung und beten zu ihr, als ob sie irgendwie ihre Gebete an Jesus übertragen würde. Es werden wenig Gedanken daran verschwendet, dass die Himmelskönigin diese Gebete kurzschließen könnte. Dieser Götzenschrein stand wahrscheinlich an jener geographischen Stelle, an der Doris in Ephesus diese Macht gespürt hat.

Als Doris und ich vor einigen Jahren an einer Führung im Vatikan teilnahmen, war es uns schwer begreiflich, warum in einem Raum eine lebensgroße Statue der Diana von Ephesus mit Statuen von christlichen Heiligen zusammen stand. Nach unserem Besuch in Ephesus verstehen wir die Gründe dafür besser.

Maria wird „Himmelskönigin" genannt

Es ist interessant, dass viele Bilder die Jungfrau Maria auf einem Halbmond stehend darstellen, oder mit einem Halbmond, der ihren Kopf umgibt. Auf anderen Darstellungen hat sie eine Krone auf dem Kopf, und eine ihrer offiziellen Bezeichnungen ist der Name „Himmelskönigin". Es wissen zum Beispiel nur wenige Menschen, dass der volle spanische Name der Stadt Los Angeles „Die Stadt (Pueblo) unserer lieben Frau, Königin der Engel (Reina de los Angeles)" lautet. Manche beziehen sich auf die Stadt L.A. als die „Stadt der Engel". Es wäre jedoch genauer, sie als „Stadt der Königin der Engel" anzuerkennen, auch als die der Himmelskönigin bekannt.

In wie weit die Lobpreisung der falschen Maria die Himmelskönigin mit Macht bevollmächtigt, kann man nur erraten. Viele Menschen waren schockiert, als am 25. August 1997 das Newsweek Magazin davon berichtete, dass der Papst in den letzten vier Jahren 4.340.429 unterschriebene Petitionen erhielt, die ihn ermutigten, die Jungfrau Maria öffentlich zur „Co-Redemptix" oder Miterlöserin neben Christus zu erklären. Als der Papst 1998 Kuba besuchte, krönte er eine Statue der Jungfrau Mercedes, und ernannte sie zur Königin über Kuba. Diese ist die exakt gleiche Statue, die von Anbetern einer satanischen Sekte, die Santeria heißt, verehrt wird.

Wenn das Haupt, Jesus, dem Leib, der Gemeinde, befiehlt, die Mächte der Finsternis zu überwinden (nikao) und gegen sie in offenkundiger, geistlicher Kampfführung auf strategischer Ebene zu stehen, was soll nun spezifisch in dieser Situation, die wir gerade beschrieben haben, geschehen?

Kapitel 4

DIE KÖNIGIN ÜBERWINDEN

Über die 90er Jahre hinweg ist die prophetische Fürbitte gegen geistliche Hauptfestungen, die in Verbindung mit der Himmelskönigin stehen, gerichtet gewesen. Vieles davon wurde von Mitarbeitern des „Spiritual Warfare Network“ koordiniert. Ich möchte, dass wir im Hinterkopf behalten, dass das Ziel dieser Gebets-angriffe darin liegt, die geistlichen Verblendungen, die der Gott dieser Welt um den Verstand der Ungläubigen auf jedem Kontinent gewickelt hat, wegzunehmen. Diese Unternehmungen sind der Versuch, die Macht der Hure über vielen Wassern zu neutralisieren, die mit Königen Unzucht treibt und ganze Nationen und Völkergruppen unterdrückt (siehe Offb. 17).

Operation Eisfestung

Ana Mendez ist die Koordinatorin der Einheit für strategische Projekte des „Internationalen Spriritual Warfare Network“ (Task Force) und gleichzeitig die regionale Koordinatorin für Süd-mexiko. Sie ist eine der erfahrensten und meistrespektiertesten prophetischen Fürbitterin in unseren AD2000 Gebetskreisen. Sie nahm das Gebet für die unerreichten Menschen im 10/40 Fenster so wichtig, dass sie einen 10/40 Gebetsturm in Mexiko City errichtete, der ständig von hingegebenen Betern besetzt ist.

Eines Tages, als Ana im 10/40 Gebetsturm im Gebet vertieft war, zeigte ihr Gott, dass sich eine geistliche Hauptfestung der Finsternis über das 10/40 Fenster auf dem allerhöchsten Punkt dieser Erde befindet, dem Mt. Everest im Himalaja. In diesem Augenblick wusste sie, dass sie eine Gebetsexpedition zum Mt. Everest leiten soll. Das war eine so große Herausforderung, dass sie sich über alle Eventualitäten informierte und Bestätigung von Rony Chavez aus Costa Rica suchte. Er ist in Lateinamerika ein anerkannter Prophet und die Person, die Ana geistlichen Schutz gibt. Sie besprach sich auch mit Harold Caballeros, dem regional Verantwortlichen von „Spiritual Warfare Network" der spanisch sprechenden Nationen, mit Cindy Jacobs, Koordinatorin des „Spiritual Warfare Networks" der Vereinigten Staaten, mit Doris und mir und einigen anderen.

Alle stimmten darüber ein, dass sie es tun sollte, aber unter der Voraussetzung, daß alle, die daran teilnahmen sich der physischen, emotionalen und geistlichen Risiken, die mit solch einem Gebetsangriff auf höchster Ebene (topographisch und geistlich gesehen) zusammenhängen, vollstens bewusst sind. Als Doris darüber betete, hatte sie den Eindruck, dass Gott auch sie zu dieser Expedition beruft, trotz der behindernden Arthritis, wegen der nach ihrer Rückkehr drei Operationen zur Implantation von vollständigen Gelenksprothesen anstanden. Rony Alvarez übernahm die apostolische Verantwortung über die Expedition und entschied sich, mit dem Team bis zum Base Camp am Fuße des Mt. Everest zu gehen. Insgesamt waren es 26 Fürbitter aus Mexiko, Costa Rica, Kolumbien, den Vereinigten Staaten und Vietnam, die nach Kathmandu, Nepal, flogen und dann weiter zum Mt. Everest gingen. Das war im September 1997.

Ein Teil des Rufes Gottes an Ana im Gebetsturm war eine Vision des Himalajas. Sie sah eine riesige Eisfestung und jeder der umgebenden Berggipfel beherbergte hochrangige dämonische Mächte. Deswegen nannten wir das Projekt „Operation Eisfestung". Wie bezieht sich das nun auf die Konfrontation der Himmelskönigin? Mt. Everest ist der englische Name des höchsten Berges der Welt. Der ursprüngliche Name in Nepalesisch, der heute unter den Einwohnern bekannt und benutzt wird ist Sagarmatha, Mutter des Universums! Über der Grenze, in Tibet, wird er Chomolugma genannt, was das gleiche bedeutet.

Gebet im Himalaja

Einige der Fürbitter, einschließlich Doris, beteten drei Wochen lang in einer Höhe von knapp 4.000 Metern im Everest View Hotel, ohne heißes Wasser. Andere beteten am Everest Base Camp in einer Höhe von knapp 5.500 Metern, wo wir um Haaresbreite einen Bruder durch ein Hirnödem verloren hätten. Ana's Team, das sich vor der Expedition im alpinen Klettern in Peru und Mexiko professionell ausbilden ließ, erklomm Eisklippen und überquerte bodenlose Gletscherspalten bis auf eine Höhe von gut 6.000 Metern.

Ana sagte, „Unsere Aufgabe von Gott war es, das Fundament von Babylon, der großen Hure über vielen Wassern, niederzureißen, welche die falschen religiösen Systeme dieser Welt unterstützt. Er zeigte uns genau, wo wir diesen prophetischen Akt tun sollten, in dem er uns eine große, braune Felsformation offenbarte, die vollständig von Eiswänden umgeben war. Es sah wie eine Burg aus und war genau wie ein Götze der Himmelskönigin geformt. Dieser Sitz der Mutter des Universums lag gut 6.000 Meter hoch, und um dort hinzukommen, mussten wir über Eisfälle klettern und den gefährlichsten Aufstieg des Everest ohne einen Führer oder andere Hilfe, außer der von Engeln, hinter uns bringen."

Dieser prophetische Akt, so wie auch andere, wurden auf Video aufgenommen. Einige unverkennbare Zeichen in der natürlichen Welt bestätigten, dass es ein erfolgreiches Unterfangen war, welches die unsichtbare Welt stark angegriffen hat. Wenn dies auch nicht der stärkste Angriff war, so war es jedoch einer der stärksten Angriffe gegen die Himmelskönigin, der jemals unternommen wurde. Unter anderem ließ uns die ganze Sache den geistlichen Weg für den nächsten Monat, Oktober 1997, klarer erscheinen. Das war das Datum, an dem das Gebetsfenster III begann, das von „AD2000 United Prayer Track" gefördert wurde. Es war ein sehr wichtiger Vorläufer für die Operation „Palast der Königin".

Sehr wenige wussten von der Operation Eisfestung. Wir taten unser Bestes, dass diese wegen des hohen Risikos ein Geheimnis blieb. Wir hatten nicht den Eindruck, dass unsere nächste, größere Operation „Palast der Königin“ ein Geheimnis bleiben sollte. Das ist ein Grund, warum dieses Büchlein geschrieben wurde und es werden noch weitere Ankündigungen folgen.

Das verborgene Manna

Das Fax von Alice Smith hat uns darauf vorbereitet, das „verborgene Manna“ zu empfangen. Es ist eine Offenbarung bestimmter, neuer Schritte in die Richtung des Aussendungsbefehls Jesu‘, Jünger aus allen Nationen zu machen. Sie gewann an Form, als wir als Teil unserer Tour durch Ephesus das Amphitheater mit seinen 25.000 Sitzen betraten. Hier wurde der Aufstand der Handwerker angezettelt, welche die Götzen der Diana herstellten, der in Apostelgeschichte 19 beschrieben ist.

Im Amphitheater, das zu diesem Zeitpunkt nicht sehr stark besucht war, bat ich Doris und unseren moslemischen Reiseführer, mir zu einem stillen Winkel zu folgen, wo ich eine kleine Zeremonie abhalten wollte. Aus meiner Tasche nahm ich eine türkische Kopie der Entschuldigung, die von den Fürbittern des Versöhnungsmarsches verwendet wurde. Obwohl die Kreuzzugsteilnehmer nicht durch die Region Ephesus zogen, sagte ich unserem moslemischen Führer, dass ich für die Sünden unserer christlichen Vorfahren, die sie an seinem Volk begangen haben, um Vergebung bitten wollte. Er wusste genau, wo von ich sprach. Ich sagte ihm, wie sehr es Doris und mir leid tue, und bat ihn, die Entschuldigung auf türkisch zu lesen. Er war sichtlich bewegt und sagte, dass er uns stellvertretend für sein Volk vergeben würde.

Während dies geschah, zeigte Gott mir, dass dieses Amphitheater eines Tages mit einer Vielzahl von Christen gefüllt sein würde, die dem Namen Jesus Lob singen würden. Das war der Anfang der Offenbarung des verborgenen Mannas.

Die Küchentheken-Offenbarung von der Operation Königinpalast

Der nächste Teil kam, als uns Cindy Jacobs, die eine unserer I-2 Fürbitter ist, am Tag der Arbeit in unserem Haus in Colorado Springs besuchte. Wir standen in der Küche und tauschten uns über die vergangenen Dinge aus. Wir erzählten ihr von dem, was wir in der Türkei gefunden hatten, und dass dies eines der wenigen Länder war, zu dem wir unbedingt zurückkehren wollten. Wir zeigten ihr auf einer Karte wo manche den Garten Eden vermuten, den Berg Ararat, wo Noah's Arche landete, Antioch und Tarsus, die sieben Gemeinden der Offenbarung und Iconium, Lystra und Derbe, die Insel Patmos und viele andere Orte, wo biblische Christen ihre geistlichen Wurzeln haben.

Anschließend zeigten wir ihr Bilder von Diana, den Ruinen ihres Tempels, dem Götzen der falschen Maria und andere Dinge, die mit der Himmelskönigin zusammenhingen. Als wir die Karte auf der Küchentheke ausbreiteten und uns unterhielten, schien es so, als ob der Heilige Geist mit Macht auf uns kam. Cindy sagte in einem Ton, den sie normaler Weise für prophetische Worte reserviert; „Seit Jahren liefert das ‚Spiritual Warfare Network‘ in der ganzen Welt Scharmützel gegen die Festungen der Himmelskönigin. Nun wird es Zeit die Truppen auf jedem Kontinent zusammen zu rufen und in ihren Palast zu stürmen!“ Doris und ich spürten eine sofortige Übereinstimmung. Ich erinnerte mich an das „verborgene Manna“, das ich empfangen sollte, und ich merkte, daß dies hier damit zusammenhing.

Ich fühlte, dass wir uns an solch einem Zeitpunkt befanden, an dem Paulus für die Epheser gebetet hatte (Eph. 1,17): „dass der Gott unseres Herrn Jesus Christus, der Vater der Herrlichkeit, euch gebe den Geist der Weisheit und Offenbarung in der Erkenntnis seiner selbst“. Weisheit und Offenbarung kamen sehr schnell.

Wann sollten wir das nun tun? Die Operation Eisfestung endete in der Woche vor dem Gebetsfenster III im Oktober 1997. Die Operation Palast der Königin sollte zwei Jahre später laufen, kurz vor dem Gebetsfenster IV im Oktober 1999.

Deshalb setzten wir den Termin auf die letzte Woche im September 1999.

Weltweite geistliche Kartographie

Ich stellte mir Georg Otis, Jr., den Leiter unserer geistlichen Kartographieabteilung, vor, wie er Unmengen von Nachforschungsarbeiten koordiniert. Er konnte mindestens 50 Orte in der Türkei und den angrenzenden Nationen lokalisieren, die von Gebetsteams besucht werden sollten. Er stimmte dem zu, dass seine „Wächter Gebetsgruppe“, eine farbige Karte der Region für die Fürbitter vor Ort anlegen würde.

Ich stellte mir Beverly Pegues vom „Christian Information Network“ vor, wie sie Hunderte, möglicherweise Tausende Gebetsreisende von ihrem Computer aus koordinieren würde, den sie für die Koordination von „Praying Through The Window“ benutzte. Sie stimmte mir zu. Wir hoffen, dass wir bis zu diesem Zeitpunkt in das neue „Weltgebetszentrum“ in Colorado Springs eingezogen sind.

Als wir uns darüber unterhielten, spürten wir, dass die Türkei der zentrale Fokus unseres Gebetes sein sollte. Gleichzeitig sollten prophetische Fürbitter auf der ganzen Welt an den Hauptpunkten, an denen die Himmelskönigin agiert, Gebetseinsätze durchführen. Das sollte in so vielen verschiedenen Ländern wie möglich geschehen, vor allem dort, wo die Gebetsreisenden in die Türkei ausgesandt werden. Das wird genaue geistliche Kartographie voraussetzen. Nueza Itioka, „Spiritual Warfare Network“ Koordinator für Brasilien, sagt, dass sich die Himmelskönigin in ihrem Land vor allem als die Jungfrau Aparecida manifestiert, und dass sie jetzt schon ihre fünf Hauptsitze lokalisiert haben. Nozumo Takimoto, der geistliche Hauptkartograph von Japan, hat die fünf wichtigsten Aufenthaltsorte von Amaterasu Omikami, der Sonnengöttin, lokalisiert. Einige unserer Leute in England sagen, dass sie Informationen darüber haben, wie Stonehenge damit zusammen hängt. Eine riesige Informationsflut wird über die Monate herein kommen und wir werden sie im Weltgebetszentrum sammeln und im Internet und im World Wide Web zur Verfügung stellen.

Das bedeutet, dass Fürbitter, welche die geistliche Ausrüstung benutzen, die in diesem Jahrzehnt so bekannt wurde, die Mächte der Finsternis von zu Hause aus, während der letzten Woche im September 1999 an allen Fronten angreifen werden. Dem Feind wird es nicht mehr möglich sein, seine Mächte in dem Maß umzugruppieren, wie er es sich vielleicht wünschen würde.

Bevor wir weitere konkrete Schritte gingen rief ich Bobbye Byerly und Chuck Pierce an, die unser „Spiritual Warfare Network" Fürbitte Team über die Jahre geleitet haben. Ich wäre nicht weiter gegangen, wenn sie mit dem ganzen Geschehen nicht übereingestimmt hätten. Aber beide spürten im Geist ein klares Zeugnis, dass dies wirklich der Wille Gottes war.

Zurück im Amphitheater

Als wir in der Küche redeten, träumten und planten, erinnerte ich mich an die Zeremonie der identifizierenden Buße und Versöhnung mit unserem moslemischen Reiseführer im Amphitheater in Ephesus. Dort fing Gott an, mir das verheißene „verborgene Manna" zu geben. „Das ist es!", sagte ich zu Doris und Cindy. „Wenn die Woche vorbei ist und die Gebetsteams Gottes Segen durch die ganze Türkei gebetet haben, arrangieren wir unsere Touren so, dass unsere Busse am letzten Tag in Ephesus zusammentreffen. Wir gehen dann in das Amphitheater, wo die Anhänger der Himmelskönigin zwei Stunden lang ‚Groß ist die Diana der Epheser' geschrieen haben (Apg. 19,34). Dort werden wir zusammen vier Stunden lang ‚Groß ist Jesus von Nazareth' verkündigen."

Ted Haggard, der Pastor der New Life Church in Colorado Springs, stimmte zu, der Konferenzpastor für dieses Treffen zu sein. Die Anbetungsleiter Ross Parsley von der New Life Church und David Morris von der Spring Harvest Fellowship wolllen ein vierstündiges Programm entwickeln. Es wird keine Lehre, Predigt oder Ermahnung geben. Es wird keine offene geistliche Kampfführung geben – bis da hin hat sich das alles erledigt. Wir werden unsere Zeit in der Anbetung, im Lobpreis, Gebet und in der Schrift verbringen. Herausragende christliche Leiter aus der ganzen Welt werden uns abwechselnd in mächtigem Gebet leiten, das darauf abzielt, den Herrn zu erheben und Seinen Segen für die unerreichten Völker dieser Welt freizusetzen.

Der Halleluja Chorus

Bald, nachdem wir uns entschieden hatten die Operation Palast der Königin durchzuführen, befand ich mich bei einem Essen in Korea mit Bischof Kim Sundo, Pastor der 80.000 Mitglieder großen Kwang Lim Methodisten Gemeinde und Bischof der Methodisten Kirche in Korea. 1993 lud Pastor Kim 300 Mitglieder des internationalen „Spiritual Warfare Network“ zu den luxuriösen, gemeindlichen Gebetsanlagen in den Bergen ein. Eines der eindrücklichsten Geschehen in diesen wenigen Tagen zusammen war der Besuch des Kwang Lim Chores, der an einem Abend ein prächtiges Konzert klassischer christlicher Musik aufführte.

Ich erzählte Pastor Kim von der Operation Palast der Königin. Dann sagte ich, „Pastor Kim, die Mitglieder des ‚Spiritual Warfare Network‘ stimmen darin überein, dass du einen der gesalbtesten Chöre in der ganzen christlichen Welt hast. Könntest du dir vorstellen, 1999 einen Chor in die Türkei zu senden, der das große Finale unseres Vier-Stunden-Gottesdienstes im Amphitheater in Ephesus mit dem ‚Halleluja‘ aus Händels Messias leiten würde?“ Kim senkte seine Augen für etwa fünf Sekunden und betete. Dann sagte er: „Das werde ich tun! Wie viele kann ich bringen?“ Ich antwortete, „Wie viele willst du bringen?“ „Einhundert!“, sagte er.

Was für ein Segen! Ein hundertstimmiger, gewaltiger klassischer koreanischer Chor, in Roben gekleidet, singt mit uns eines der beliebtesten und Christus ehrendsten Lieder, das die christliche Kirche jemals kannte.

Groß ist Jesus von Nazareth!

C. Peter Wagner dient im Vorstand des Wagner-Leiterschafts-Institutes und als Präsident der Global Harvest Ministries. Er ist eine anerkannte Autorität auf den Gebieten des Gemeindewachstums und geistlicher Kampfführung. Weiter ist er der Autor von über 50 Büchern wie zum Beispiel: „Gemeindebeben!", „Erweckung! Sie kann Ihre Stadt verändern", „Die Gebetskämpfer-Serie" und „Die Konfrontation der Himmelskönigin".

Verändert Gebet die Welt wirklich?

Ohne Zweifel lautet die Antwort Ja! In diesem Buch werden Sie an Hand dramatischer Gebetsantworten, die die Welt in den 90ern radikal verändert haben, ermutigt. Diese Gebete haben die größte geistliche Ernte, die die Welt je gesehen hat, freigesetzt. Und – wie geht es jetzt weiter?

In „Der Herrschaftsbereich der Himmelskönigin" hat C. Peter Wagner fünf hochrangige christliche Leiter und Fürbitter zusammengeführt, die Ihnen aufzeigen werden, in welche Richtung der Leib Christi in punkto Gebet für eine noch größere Ernte im neuen Millennium geht! Sie beantworten viele Fragen wie zum Beispiel:

– Wer ist die „Königin" und wo ist ihr Herrschaftsbereich?
– Warum gibt es im 40/70 Fenster so viele nicht errettete „Christen"?
– Wie wird das anhaltende Gebet für das 40/70 Fenster einen Dominoeffekt in der ganzen Welt herbeiführen?
– Wie können wir den Wohlstand vom Herrschaftsbereich der Königin in das Reich Gottes transferieren?
– Worin unterscheidet sich das Gebet für das 40/70-Fenster vom Gebet für das 40/10-Fenster?

VERLAG GOTTFRIED BERNARD
ISBN 3-934771-25-4 · BEST.-NR. 175725

Der anglikanische Theologe beschäftigt sich in seinem Buch mit dem biblischen Auftrag der Haushalterschaft. Besondere Anliegen sind ihm dabei die Auswirkungen guter oder schlechter Haushalterschaft. Fundiert analysiert und erklärt er, wie Sünde, Bindungen und Flüche sich auf eine Region auswirken können und diese dabei für das Evangelium verschlossen wird. Dabei macht er deutlich, wie diese negativen Auswirkungen umgekehrt werden können, damit ein Land gereinigt wird und sich für das Evangelium öffnen kann. Dieses Buch ist ein Muss für alle, die ihre Stadt und ihr Land lieben und nach dem göttlichen Muster wiederhergestellt sehen wollen.

Verlag Gottfried Bernard
ISBN 3-934771-22-x · Best.-Nr. 175722

Tommy Tenney und seine Ehefrau Jeannie wohnen mit ihren drei Töchtern in Louisiana. Er ist seit mehr als 10 Jahren im Pastoraldienst und seit mehr als 17 Jahren im Reisedienst tätig.

Was ist eigentlich ein Christ? Wenn sich jemand diese Frage stellt, der «Berufschrist» ist, weil er als Pastor arbeitet, dann wird es interessant. Tommy Tenney sehnte sich danach, Gottes ergreifende Gegenwart in seinem Alltag zu erleben. Und Tenney blieb nicht in der Sehnsucht stecken, sondern jagte diesem Gott nach – um dann schliesslich selber von Ihm gefangen zu werden.

Diese packende Suche schildert er eindrücklich. Tenney ist abgerückt vom kulturell gezähmten Christsein, weil er das erleben will, was in der Bibel steht: dass Menschen geheilt werden, dass Tote auferstehen und Menschen Gott in Seiner Herrlichkeit begegnen. Wie man in diesen Lebensstil hineinkommt, das beschreibt Tenney hier. Das Buch ist wie knuspriges frisches Brot, das hungrig macht nach mehr von Ihm!

VERLAG GOTTFRIED BERNARD
ISBN 3-934771-14-9 · BEST.-NR. 175714

Helmut Ziegler ist Jahrgang 1937 und war jahrelang in einem Elektrokonzern Artdirektor. Er gestaltete weltweit das Corporate identity dieses Unternehmens. Durch ein besonderes Erlebnis mit Jesus Christus, wurde sein Leben und das seiner Familie vollkommen verändert. Seit 1989 steht er weltweit im vollzeitlichen Dienst der „FGBMFI – Full Gospel Business Men Fellowship International" – Christen im Beruf – als Schulungsleiter und Konferenzsprecher. Ein weiterer Bestandteil seines Dienstes ist eine missionarische, zwischenkonfessionelle Lehrstätte in Neustadt/Weinstraße, sowie die Finanzierung eines jüdisch-arabischen Kinderheimes in Jerusalem. Er arbeitet seit 1986 im Reisedienst und sieht seine besondere Aufgabe als Brückenbauer für das Wirken des Heiligen Geistes zwischen Denominationen, Kirchen und Gemeinden.

Helmut Ziegler geht an Hand des Buches der Offenbarung auf die endzeitlichen Geschehen ein. Die derzeitigen Ereignisse um Israel und die Auseinandersetzung mit dem Islam und dessen Bedeutung in unserer Zeit werden ebenso eingeordnet, wie tiefe Einsichten in das Freimaurer- und Iluminatentum – die Steuerorgane unserer Zeit. Sind die Katastrophen in der Welt vorlaufende Gerichte Gottes wegen unserer Lauheit, geistigen Blindheit und unseres Abfalls? Die Aktualität der Sendschreiben an die Gemeinden und deren Bedeutung für unsere gegenwärtige Situation werden klar aufgezeigt. Insbesondere geht der Autor auf das Volk Zion im Bezug auf die Ereignisse in der Trübsalszeit und die Zeit der Siegelgerichte ein.

GB

VERLAG GOTTFRIED BERNARD
ISBN 3-934771-22-X · BEST.-NR. 175719